晨星出版
Morning Star

晨星出版
Morning Star

斯多葛主義

Lessons in Stoicism

如何避開焦慮、悲傷、失望、憤怒和不滿的情緒指南

約翰・塞樂斯（John Sellars）—— 著
吳湘湄 —— 譯

晨星出版

有關作者

約翰·塞樂斯，倫敦大學皇家霍洛威學院哲學講師兼牛津大學沃福森學院講師。他是《生活的藝術》一書的作者，也是「現代斯多葛主義」協會的創始會員之一。該協會每年舉辦「斯多葛周」，是一個全球性的公開活動，邀請大眾「以斯多葛主義的理念生活一周」，看看參與者的生活品質會有甚麼的改善。

目錄

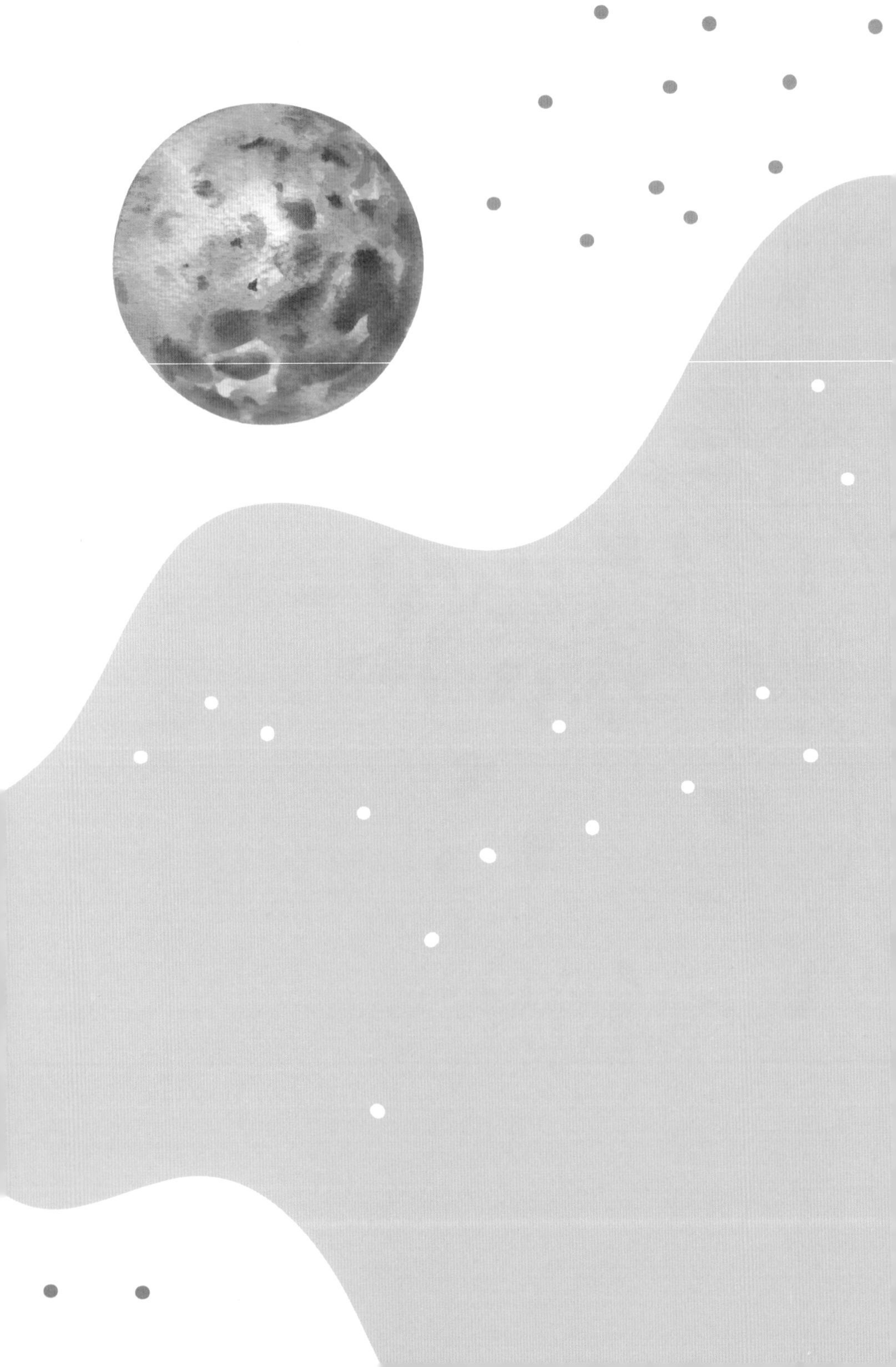

前言

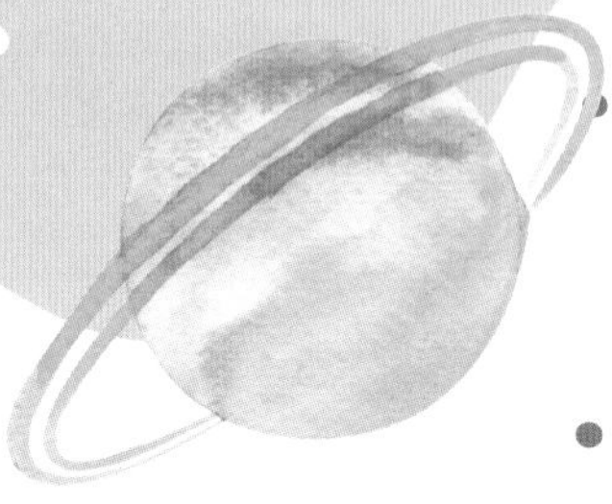

假如有人告訴你，你生命中的各種痛苦多半導因於你對事物的看法，你會如何？我指的不是身體的痛苦，如疼痛或飢餓，而是所有能夠將一個人的生命弄得亂七八糟的東西：焦慮、挫折、恐懼、失望、憤怒和不滿等。假如有人宣稱說他們可以教你如何避開這一切，你會如何？而假如他們說，這些事情其實都導因於你以錯誤的方式看待這個世界，你會如何？但如果最後是，原來避開這些事情的能力完全都在你自己的掌控內，你又會如何？

以上這些宣告我們都能在三位羅馬斯多葛派哲學家

的作品裡看到。這三位偉大的哲學家分別是生於西元第一、二世紀的塞內加（Seneca）、愛比克泰德斯（Epictetus）和馬爾庫斯·奧列里烏斯（Marcus Aurelius）。塞內加因為曾當過尼祿（Nero）皇帝的老師而為後世所知；原本是奴隸的愛比克泰德斯則在獲得自由後，創立了一所哲學學校；而馬爾庫斯·奧列里烏斯曾經是羅馬的皇帝。這三位哲學家的人生非常不同，但他們卻都尊崇斯多葛主義，並將之做為「如何好好過日子」的指標。

在這三位羅馬斯多葛派哲學家開始寫作前，斯多葛主義就已經有好幾百年的歷史了。最初是在雅典開跡的。此一學派的創始人叫做芝諾（Zeno）。他來自塞浦路斯，是一名商人之子。據說，他於西元前三世紀左右前往雅典，去那裡幫忙父親做生意。在客居雅典期間，他與該城市的哲學家們時有來往，而不久後，他便開始跟許多不同學派的大師學習。但是，最後他並未致力於自己師從的任何一個學派，反而決定靠

自己的能力成為一位老師，並開始在雅典市中心的「彩繪柱廊」（Painted Stoa）——一座建有覆蓋的柱廊——開始講學。很快他便吸引了一批門徒，後來人們就稱他們為柱廊派哲學家（Stoics），也就是聚集在彩繪柱廊學習的那些人。斯多葛學派是由芝諾的學生克里安西斯（Cleanthes）及克律西波斯（Chrysippus）發揚光大的。兩人都是來自小亞細亞。後來的斯多葛派門徒甚至來自更遙遠的東方，譬如巴比倫的戴奧真尼斯（Diogenes）。這些斯多葛派早期哲人的作品皆未倖存下來；他們的著作都未能從古代的莎草紙卷軸過度到中古世紀的羊皮紙手稿。我們今日所知的有關他們的思想，都是依據後世的作者對他們的作品引錄或摘要而來。

相較而言，這三位出身羅馬的斯多葛派哲人則給後世遺留了相當豐富的文學著作。以塞內加為例，我們可以讀到他探討各種哲學議題的論文、他給摯友路西里烏斯的許多信件以及多部悲劇作品。至於愛比克泰德斯，有一系列由他的學生阿里安（Arrian）刻意為老師講學時所紀錄的對談內容，以及一本有關那些講學內容的簡短精要手冊。馬爾庫斯・奧列里烏斯所遺存的，則與其他兩位稍有不同：多半是一些私人偶拾筆記，所記錄的都是他試圖釐清斯多葛主義的某些中心理念及如何在自己的生活中實踐它們。

這三位羅馬斯多葛派哲人的作品，深深影響著後世讀者；在面對生命的旅程中，任何人都會遇到的某些日常問題，激勵他們言行合一地去實踐那些理念。基本上，他們的作品所教導我們的，就是如何「過活」——包括如何理解自己在這個世界上的身分與責任、如何面對困境、如何管理自己的情緒、如何應對進退、如何好好過一個理性的人應該過的日子等。在接下來的篇章裡，我們會進一步探討其中的一些主題。我們將從斯多葛主義者所認同的這派哲學的益處開始考量；換言之，我們會將它們做為各種「心智療法」來討論。我們將探討我們所能夠與所不能夠控制的事物；也將正視我們思考事情的方式有時會如何激發有害身心的情緒。接著，我們將思考我們與外界的關係以及如何在這個世界安身立命。最後，我們要探究我們與他人的關係，因為那對我們日常生活中的喜悅以及壓力有龐大的影響。我們將發現，從上述三位羅馬哲人的豐富思想來看，人們對離群索居且冷漠的斯多葛主義者的普遍看法，並不公道。他們的作品是經得起時間考驗的經典，且之所以如此，自有其道理。時至今日，他們的影響力仍舊深遠，因為新的世代將繼續從他們的身上獲益匪淺。

第I章

哲人即醫者

公元第一世紀末，一名來自小亞細亞，身份原本是奴隸但真實名字不為人知的男子，在希臘西海岸的一座城鎮裡，建立了一所哲學學院。他到那小鎮安身並非全然自願。由於羅馬皇帝圖密善（Domitian）認為，哲學家這種知識份子對他的統治有潛在的威脅，因此將他與其他哲人們全部從羅馬驅逐。那座約有一百年歷史由奧古斯都所創建叫做尼科波利斯（Nicopolis）。而這名出身奴隸的哲學家說他的名字叫做愛比克泰德斯，在希臘文裡，其字面意思即是「習得」。在授課期間，愛比克泰德斯的學校，吸引了許多學生和卓越的學者前來學習訪問，尤其是比起其他前任皇帝來的更善待哲學家的皇帝哈德良（Hadrian）。愛比克泰德斯本身並未有任何著作，但他的一名學生——一位叫做阿里安的年輕人，後來靠自己的努力成為了一位傑出的歷史學家——將老師在學校的談話內容做成筆記，並在後來將其編撰成一本書，叫做《愛比克泰德斯談話集》。這本書裡，愛比克泰德斯很清楚自己身為哲學家的角色。他說，哲學家就是醫者，而哲學學校就是醫院——

一所治療靈魂的醫院。

當愛比克泰德斯如此定義哲學時，他其實遵循了一個至少可往前追溯至蘇格拉底，歷史悠久的希臘哲學傳統。在柏拉圖早期的對談中，蘇格拉底就曾主張，哲學家的任務就是照顧人類的靈魂，就如同醫生照顧人類的身體那般。對於「靈魂」一詞，我們不應該認為是任何非物質、不朽或超自然的東西；在這個議題的脈絡裡，它所指涉的只是人類的心智、思維及信念等。

而哲學家的任務就是分析並評估一個人所思考的事並檢視它們的一致性和說服力。這樣的觀點，不論在古代或是現代，幾乎所有的哲學家都會贊同。

對蘇格拉底以及後來的斯多葛派哲人而言，這種對「照顧靈魂」的關注特別重要，因為他們堅信，靈魂的狀態最終會決定我們生命的品質。世人咸知，蘇格拉底曾指責雅典的同胞們，說他們過度關注自己的身體和財產，卻很少關注自己的靈魂——自己的所思、所信或自己為人的價值與品格。蘇格拉底堅稱，一個美好快樂的人生有賴於我們對後者而非前者的關注。後來在某個被斯多葛派哲人探討的重要論述裡，蘇格拉底就曾試圖指出：像龐大的財富這種東西，某種意義而言，是毫無價值的。準確地說，他強調物質財富是價值中立的東西，因為它可以被善用，也可以被濫用。金錢本身既不好也不壞。它之所以被善用或被濫用，端賴於擁有它的那個人的品格。一個良善的人可以利用金錢做好事，但一個並非那麼良善的人，則可能利用它來製造可怕的傷害。

這告訴我們什麼？它在告訴我們，真正的價值——所謂善與惡的源頭——在於擁有金錢的這個人的「品格」，而非金錢本身。它也在告訴我們，對自己的金錢與財富因過度關注而忽視自己的品格狀況，是一個多麼嚴重的錯誤。哲學家的工作就是在激勵我們看清這一點；並且在我們努力治療自己靈魂所可能患有的不管哪種毛病時，支持我們。

對這樣的思維，其中一種回應是說，我們應該只關注自己靈魂的狀況，並且要對世俗的東西，如成功、金錢或聲望等無動於衷。他們說：只有一個卓越、良善的品格，才是真正美好的；而只有其對立面，一個邪惡的品格，才是壞的；除此，其他一切都「無關緊要」。蘇格拉底之後的部份哲學家正是這麼認為的。他們就是犬儒派的哲人；其中最著名的就是錫諾普的戴奧真尼斯。據說，他曾經——至少有一段時間——像一隻流浪狗般，住在一個桶子裡。為了追求一個良善、卓越的品格，戴奧真尼斯犧牲了一切，大力倡導一種禁慾、樸實、與大自然和諧相處的生活。據稱，他在看到一個孩子用手掬水喝時，說：「那個孩子在生活的簡樸上，勝過我」，然後就丟掉了他少數擁有的其中一個東西——他的水杯。

芝諾，第一位斯多葛派哲人，曾一度受到犬儒派哲人的生活方式所吸引，但最後卻發現，它其實有諸多不足之處。蘇格拉底曾說金錢可以被善用，也可以被濫用；

但假如你身無分文，就根本連善用它的機會都沒有。誠如亞里斯多德所言，有些美德似乎需要某些數量的金錢才能彰顯，例如：慷慨或慈善。不僅如此，戴奧真尼斯對財物的極端厭惡似乎超脫了這些身外物只是「無關緊要」這樣的論調。假如金錢真的無關緊要，那麼我們又何必在乎自己究竟是一貧如洗或富可敵國呢？戴奧真尼似乎是在說，貧窮總是比富有好。我們也會看到，這種對貧窮的禮讚，在後來基督教的某些傳統裡也將留下其印記。

然而，這並非芝諾的觀點。戴奧真

尼斯說，我們應該過與大自然和諧共處的生活。芝諾對此的回應則是，我們追求有助於我們生存的東西——食物、居所、維持健康的事物及有益身心舒適的財富等——是再自然不過的事。我們都在這麼做，並且沒有理由對此感到不安。我們都會追求物質的充裕，因為有助於鞏固我們的生存。

簡單地說就是，有益我們身心的這些東西都是「好」的；但遵循蘇格拉底的芝諾卻想要把「好」這個字保留給一個卓越、良善的品格。因此，他承認那些東西有其價值。我們看重健康、富足及他人的尊敬。然而，那些

東西再好，卻沒有一樣能與一個卓越的品格的「好」相比擬。於是芝諾用了一個技術性詞彙來稱呼那些事物：「寧可選擇的無關緊要之物」。在一切條件平等之下，所有的人當然都寧願富裕而非貧窮、寧願健康而非病弱、寧願受人尊敬而非遭人唾棄。我們都會這麼選擇；誰不會呢？但是重點來了，由於一個良善的品格是唯一的真正的美好事物，因此我們絕不可為了追求那些東西而犧牲掉自己的品格。我們也不應該認為，那些東西中的任何一樣，單靠其自身就能讓我們快樂。一個人若追求金錢，不是因其生存的所需，而是因為認為金錢自然而然地能給自身帶來幸福快樂的人生，那就是一個嚴重的錯誤認知。而一個人若為了追求名譽和財富而犧牲掉自己的正直，那更是大錯特錯，因為他竟然會為了一個「無關緊要」之物而破壞了自己的品格——那個唯一真正美好的東西。

以上是愛比克泰德斯會在學校裡與學生探討的其中一些議題。他的學生主要都是羅馬菁英族群的孩子們，未來都會在帝國裡擔任管理要職。他們希望這樣的學習能夠讓孩子們培養出相對優良的品格。

但是，「照顧自己的靈魂」指的究竟是什麼呢？要怎麼做才能擁有一個卓越的品格？借用一個老派的詞，那就是要當一個「具有美德」的人。具體地說，就是要睿智、公正、勇敢、有節制——斯多葛派哲人認為的四大重要美德。具有這四種美德才意味著擁有一個良好的品格，才能稱之為一個好的人類。這些有關「美德」的論調乍聽有一點籠統，但我們也可以用比較描述性的術語來加以闡明。何謂好的人類？當我們談到「好人」的時候，我們的語言和態度可以像談到一張好桌子或一把好刀那樣嗎？所謂好桌子，就是一張能夠提供穩定平整的桌面的桌子；而所謂好刀，就是一把鋒利好切的刀。

如果人類天生是群居性的動物，自然而然地誕生在家庭和社群裡，那麼一個好的人類就是一個能表現「群居行為」的人。一個不能對他人行止得宜的人——缺乏公正、勇氣及節制等人格特質——某種定義而言，就不是一個好的人類；而他如果完全不擁有這些特質，我們甚至可能質疑他是否配當一個人。「那個人是一隻禽獸」——對一個犯下不可饒恕之罪的人，我們可能會用這樣的話語形容他。

沒有人願意那樣。誠然，斯多葛派哲人也遵循蘇格拉底的觀點，認為沒有人會選擇當一位邪惡、討人厭的人。每個人所追求的都是自己認為「好」的事物，即使他們對於「好」或「能給自己帶來益處」的標準無可救藥地扭曲。而這裡也正是哲學家派上用場之處。哲學家的任務，從做為靈魂之醫者的角度觀之，就是教導我們檢視自己以下幾方面的既存信念：何謂善與惡、我們認為有利於自身的事物為何、我們認為自己需要擁有什麼才能享有一個美好且快樂的人生等。

根據斯多葛派哲人的看法，一個美好快樂的人生，就是一個與大自然和諧相處的人生。在接下來的篇章裡，我們將會多次探討到這個觀點。但在這一章，我們可以先這麼說，此觀點同時涵蓋了我們應該與身外的自然界維持和諧關係及與自身的人類本質和諧相處的想法。時下一般人認為，人都是自私且愛好競爭的，

總是貪圖自身的利益。對於人性，斯多葛派哲人則抱持著一個相當不同且較樂觀的看法。他們認為，任其自行其是的話，人類會自然而然地長成理性、良善的成年人：人類天生就是理性且行止得宜的社會性動物。當然，很多事情會妨礙並干擾發展的過程；當那樣的情況發生時，我們就會發現，我們過著一個與自己最深刻的天性不同步的生活。我們就會變得不快樂。

這就是為何我們需要「哲人——醫生」的幫助。他們會提供拯救措施，讓我們回歸正軌。我們希望這些拯救措施能做到的其中一件事就是：將我們與自己身為人類的認知以及我們如何以那樣的認知生存重新連結起來。往其邁進的第一步就是開始關注自己的靈魂狀況——也就是我們的信念、判斷與價值等，就像蘇格拉底所規勸的。那麼，我們的第一堂課就是，雖然我們生活中有許多外在層面可能是我們想要改變的，但我們同時也需要密切注意自己內心的所思所想。

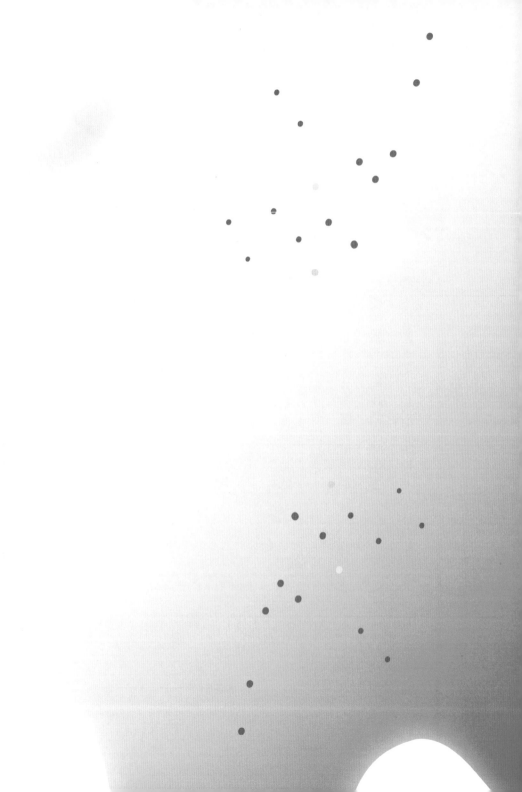

第Ⅱ章

你能控制什麼

你真正能控制的生活面向有哪些？你能控制自己不生病嗎？你能決定不捲入意外之中嗎？你能讓自己所愛的人免於死亡嗎？你能選擇自己愛上誰或讓誰愛上你嗎？你能保證自己會擁有世俗的成就嗎？對以上這些，你真正能控制的有多少？也許你能利用各種方法影響它們，但你能保證它們最後都會按照你的意願發生嗎？以上這類問題都是斯多葛派哲人經常關注的焦點。

愛比克泰德斯的《手冊》開宗明義就是一段頗直率的有關他認為哪些事能取決於我們、哪些事不能的描述。我們所能掌控的事——也就是力所能及的事——包括我們的判斷、衝動和欲望等。除此，其他絕大多數的事物，愛比克泰德斯說，則最終都在我們的掌控之外，包括我們的身體、我們的物質財富、我們的聲望及世俗的成就等。他更進一步說，人類許多不快樂其實都導因於「分類錯誤」——也就是自認為能夠掌控的那些其實我們不能夠掌控的事。

這個切割看起來似乎牽涉到外在或內在事物之間的區別：我們能夠控制自己的心智，但不能控制我們周圍的世界。或者，我們可以將之視作精神與形體之間的區別：我們能夠控制自己無形的思維，但無法控制有形的東西，例如我們的身體或財富等。但這些想法並不完全正確，雖說也都捕捉到了某些事實。愛比克泰德斯並未說我們能夠掌握自己內在的一切或自己所有的思維；他所主張的是，我們只能控制自己的心智活動中的某部份。更準確地說：他認為我們真正能夠掌握的只有自己的判斷以及從自己的判斷之中衍生而來的相關事物。我們對自己的心智。

並未擁有全然的控制，例如，我們就不能選擇自己的知覺和記憶，也不能開啟或關閉自己的情緒（下一章我們將探討情緒）。不，我們所能夠完全掌控的只有自己的判斷，也就是我們對發生在自己身上的事情的看法。

我們的判斷非常重要，因為它是能夠決定我們如何行動的因素之一。誠如愛比克泰德斯所言：它控制著我們的欲望和衝動。例如，我們可能看見了某事物，並做出了它是一個好東西的判斷，接著產生了擁有它的欲望，而那欲望便促使我們去追求它。追求的過程可能艱辛、費時，不論自己和他人都付出了巨大的代價，而這些全都有賴於你所追求的事物而定——不管是夢寐以求的事業或價值不菲的豪宅。

因此，判斷十分重要，然而，我們卻甘冒風險地忽略它。我們常常驟下判斷，甚至未發覺自己在做什麼。我們可能很迅速地就判斷某件事是好的，而且常常如此，使得我們開始以為自己所判斷之事的「好」就在其自身上。但是，外在的東西，沒有一樣是天生的好；它們都只是運動中的物質罷了。只有良善的品格才是真正的好。羅馬皇帝馬爾庫斯·奧列里烏斯（他最愛的讀物就是愛比克泰德斯的語錄）總是努力提醒自己這一點。他經常在對那些令人渴想的事物做出判斷前，先思考其形體本質：一道美味的菜餚只是一隻豬或一條魚的屍體。同樣的，昂貴的器具或高級房車只是一堆金屬和塑膠。這些

東西看起來不管有什麼價值，都只是我們以自己的判斷所賦予它們的，而非這些東西與身俱來的。

好消息是，根據愛比克泰德斯的論點，我們能完全掌控自己的判斷，而且只要一些些反省和訓練，我們很快就能夠克服草率判斷的傾向。如果我們可以做到這一點——如果我們能夠成為自己判斷的主宰——那麼，我們就能夠完全掌控自己的生命。我們將能夠決定自己生命中的諸多關鍵要素：哪些是重要的事物、哪些是我們所渴求的、我們該如何行動等等。我們的快樂將完全掌控在自己的手中。乍看之下，愛比克泰德斯的觀點似乎

是在說我們所能掌控的事物極少；但事實上，他的重點是，我們可以控制，對我們自身幸福而言，真正重要的所有事物。

至於其他那些他說我們無法控制，卻又佔據我們絕大多數注意的東西——我們的身體、財物、聲望、世俗的成就等——該怎麼辦？我們已經知道斯多葛派哲人的論調：這些東西沒有一樣是與生俱來的好。對此，愛比克泰德斯的觀點稍有不同。他的看法是，縱使你認為那些東西很好，但事實上你卻無法控制它們。若是你讓自己的快樂取決於它們其中的一種，那麼你的快樂就容易受到你無法控制的因素所影響。無論是愛情、外貌、事業野心或物質財富等，假如你的幸福感有賴於這類事物中的一種，那麼你實際上已經將自己的快樂交付給其他人或某種幻想了。那可不是安身立命之道。假如你認為自己絕對能夠控制這些東西，而事實上是你根本無法控制，這時挫折與失望就肯定會出現了。

在此必需強調的是，愛比克泰德斯並非在暗示我們應該放棄或逃離外在的世界。縱使我們無法控制某事，也並不意味著我們應該忽視它。我們所要做的只是培養一個面對它的正確態度而已。愛比克泰德斯後來在他的

《手冊》裡建議說，我們可以將自己的生命當作如在戲劇裡扮演一個角色那般。我們不能選擇自己的角色，沒有權利決定情節，也無法控制戲劇的長度。但我們的任務不應該是去對抗那些我們無法掌控的事情，而是盡己所能地將我們被分配到的角色扮演好。

也許我們應該給這個說法一點限制。我們會發現自己同時扮演著幾個角色。其中一些當然可以改變，如果我們想要的話——沒有人說我們非得陷在一個惡劣的工作環境裡或被一段不愉快的關係綁住。但有時候我們對某些與人類處境緊密關聯的事情無能為力。例如，沒有人能選擇自己的民族、性別、年紀、膚色或性取向，然而這所有的一切，卻都會對我們的生命造成重大的影響。

同樣要記住的是，雖然我們能夠掌控自己的行動，但我們卻無法掌控其結果。事情不會永遠都按照我們所希望或所計畫的發生，有時候是因為我們沒有盡力而為，同樣地，也有可能是因為其他我們無法掌控的因素。愛比克泰德斯的前輩安堤巴特（Antipater）曾打過一個比方：即使是神射手，偶爾會射不中靶子，因為強風可能把他的箭吹偏離了目標；

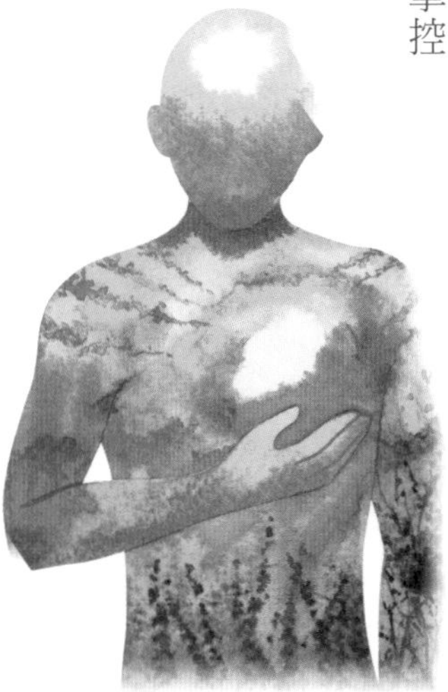

對此，那個神射手完全無可奈何。在醫療上，也有同樣的難題：不管醫生的技術有多高明，有時因為某些脫離掌控的因素，使得他們無法解救一名病患。斯多葛派哲人認為，生命就是如此。我們可以努力做到最好，但我們永遠都無法全然掌控結果。假如我們將自己的快樂建立在完成某項成果上，那麼我們就必然會經常失望。但如果我們只是要求自己盡力而為，則沒有什麼可以阻擋我們的了。

面對外在世界的事件，包括我們自己行動後的結果，我們真正所能做的，就是順其自然而已。接受已發生事並努力面對它，而不是抗拒它。在他的《沉思錄》裡，馬爾庫斯．奧列里烏斯經常提醒自己：大自然不斷在變化，沒有什麼是穩定不變的；對於這個事實，他無能為力。我們所能做的就是接受自己無法掌控的事情，並將心力放在那些我們所能掌控的事情上。

愛比克泰德斯尤其堅持「我們應該把注意力集中在自己所能掌控的事物上」這個原則。別管那些你無法掌控的；把你的注意力導向你的判斷，如此你便能提升自

己的品格——那是唯一能夠讓你獲得芝諾所稱的「平順人生」的東西。但是，我們亦必須保持警惕，因為如果我們停止了對自己判斷的注意，即便只是短暫的瞬間，我們都可能再度墮入以往的惡習。愛比克泰德斯曾用駕駛船隻的水手做比喻：

對一個水手而言，
要讓他的船遇難比令其平安航行要容易；
他只要稍微逆風而行，災難就會馬上發生了。
事實上，他不需要做任何事：
一個瞬間的疏忽就能造成同樣的悲劇。

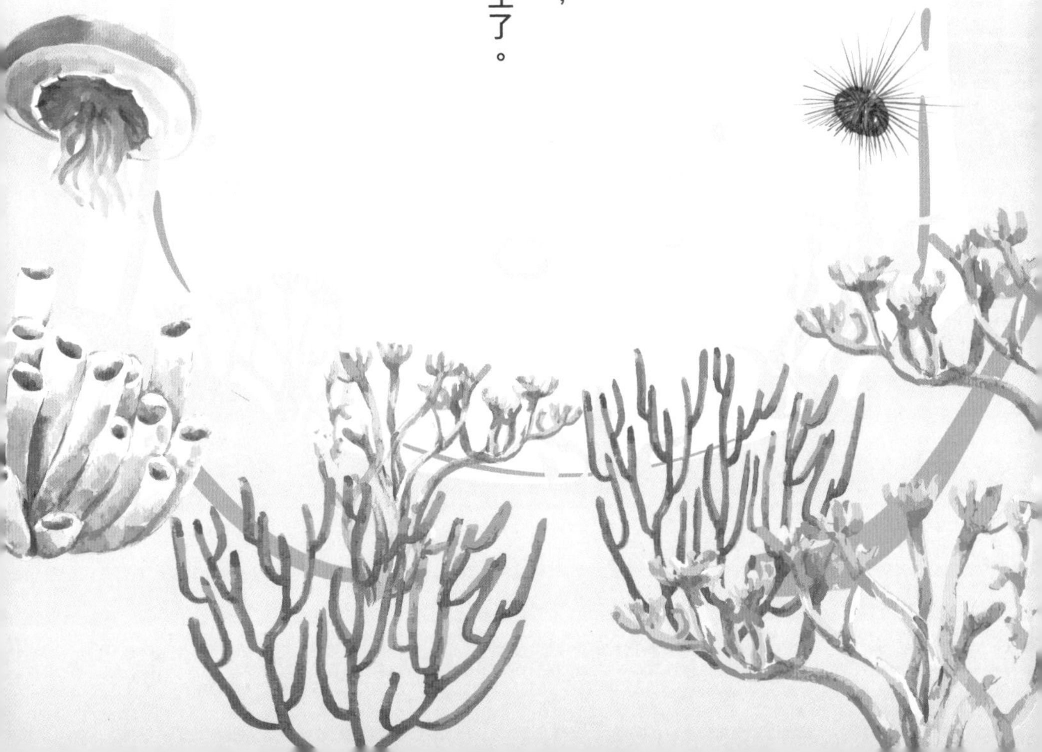

假如我們讓自己的注意力產生失誤，那麼我們很快便會失去可能已經獲得的進步。因此，我們需要將固定的反省時刻融入日常的生活中。馬爾庫斯・奧列里烏斯曾經描述他的晨間反省：在省思中，他會預備當天該執行之事並思考可能面對的各種挑戰，以便自己能夠從容地處理它們。同樣地，塞內加則紀錄了自己固定的晚間省思：他會仔細反省當天所發生的事，思考自己哪些地方做得好、何處可能疏忽了以及第二天應該如何改進等。愛比克泰德斯的反省甚至更為深刻：如同航行的水手，我們在一天中的每一個時刻都必需保持專注，為下一刻可能發生的任何狀況做好準備。
我們都必需擁有自己重要的
哲學原則，並隨時遵循，
以免做出錯誤的判斷。
這是哲學的日常練習，
也是生活的一種方式。

第Ⅲ章 情緒的問題

阿里安記錄了一則故事：有個人到尼科波利斯學院訪問愛比克泰德斯，並與他就「掌控」這個議題做了更深刻的討論。那個人問愛比克泰德斯說，他的兄弟在生他的氣，他該怎麼辦？那個人對他兄弟的怒氣該怎麼辦？愛比克泰德斯典型切中要點的回答是：沒辦法，你對他的怒氣無可奈何。我們無法控制他人的情緒，因為它屬於我們無法取決的範疇。唯一能夠處理他兄弟的怒氣的人，就是他的兄弟自己。但愛比克泰德斯的論點並未到此為止；他將注意力轉到那個人所能夠控制的事情上，也就是那個人自己對兄弟的怒氣的反應。那個人因為兄弟的怒氣而苦惱，而愛比克泰德斯指出，這才是整件事情真正的問題所在，同時它也是那個人本身能夠處理的地方。那名男子對他兄弟的怒氣做了一個判斷，而那個判斷引發了一個困擾——他自己的情緒。因此，眼下的問題不在他的兄弟身上，而在這個前來做抱怨的人。

這則小故事說明了我們自身及他人的情緒如何形塑並影響我們與周遭人群的互動。在現代英語裡，「斯多葛（Stoicism）」一詞已經意味著冷漠、無情，而這通常被視為一種負面的性格特徵。在現代，「情感」多半被認為是好東西：愛、慈悲、同情、同理心等。對這個世界而言，這些當然都是多多益善的。然而這則故事所強調的，是其他不太討喜的情緒：憤怒、怨恨、性急等。當古代的斯多葛派哲人建議說我們應當避免情緒這種東西時，他們基本上所指的，是這種負面的情緒。

斯多葛派哲人對情緒的描述就某層面而言，非常容易理解，但是我們在此必需加上一些重要的條件，以便能夠更透徹地領會它。中心主旨其實很簡單：我們的情緒是我們判斷的產物，因此，我們可以完全掌控它並為其負責。那名男子因為兄弟的怒氣而引發的苦惱導因於他對那個怒氣的態度。假如他以不同的方式看待它，那麼他就不會產生苦惱了。斯多葛派哲人所主張的——這一點非常重要——並非我們應該否認或壓抑自己的負面情緒，而是我們從一開始就應該努力避免產生某種情緒。第二個重點是，斯多葛派哲人不認為我們可以在彈指之間就把某個情緒趕跑。不能只是說「要用不同的方式思考它」，然後就看到自己的憤怒或悲傷神奇地消失了。

克律西波斯曾經將陷入情緒比喻為「跑得太快」。你一旦有了某種程度的動力，你就根本無法停下來，你的動作會失控，而陷入某種情緒的狀態與此很相像。因此，你無法單靠意志力來轉移某個你不想要的情緒。不過，你可以努力去避免讓下一個情緒醞釀到最後失控的那個點。

就憤怒而言，這個邏輯很簡單明瞭。當某個人憤怒，真的很憤怒時，他便被那個情緒所控制，而你怎樣都無法跟他講道理。有個人對這種狀況再清楚不過，他就是原籍西班牙的盧修斯·阿奈烏斯·塞內加。身為羅馬朝廷內部階層的顧問，塞內加經常需要對抗陷入破壞性情緒的人，而那樣的情緒，其中某些人——例如暴君卡利古拉、克勞狄烏斯和尼祿等——對御下無以數計的人們，尤其是塞內加，因擁有實質的生殺大權而更加惡化。卡利古拉甚至因嫉妒塞內加的諸多才華，曾經命人處死他，只不過後來被他的一位至交以塞內加身體羸弱為由說服，才收回了成命。

在他的論文〈談憤怒〉中，塞內加將憤怒和嫉妒這類情緒形容成「一時的瘋狂」。他借用克律西波斯「跑得太快以致停不下來」那個比喻，將生氣做如下描述：就好像被人從高樓丟下、往地面墜去，完全失控。一旦怒氣取得控制，它便會危及你整個心智。而斯多葛派哲人要人們警惕的就是這種完全失控的狀態。偶爾的心情波動是生命的一部份，並不會造成真正的傷害。但暴怒到控制不了自己想打人的衝動，那就是另外一回事了，而這正是斯多葛派哲人意欲避免的。

塞內加堅稱說，我們不需要用憤怒來回應傷害我們或我們所愛之人的行為。以忠誠感、責任感或正義感等冷靜地行動，永遠比狂怒地去報復好。假如憤怒有時似乎會刺激我們去對抗某種可怕的大錯，塞內加說這時你的對抗最好也是在勇氣和正義的美德的引導下進行。

如同所有的情緒，憤怒也是心智判斷的產物。那意味著它是我們能夠控制或至少在未來能夠努力避免的情緒。但是一旦做出判斷，憤怒很快就會成為一種有形且實質的東西。塞內加說，用疾病來比喻，憤怒就像身體的腫脹。不管是哪種情緒，我們可能都會想到許多種肉體徵狀：心跳加速、體溫升高、心悸、盜汗等。而一旦這些症狀出現，若想要讓它們消失，除了等待外，別無他法。

與一般看法相反的，斯多葛派哲人並不鼓勵我們應該或可以變成一塊冷冰冰的石頭。所有人都會經歷塞內加所稱的「初始觸動」。它指的是，當我們受到某些經驗觸動時，我們可能會覺得緊張、震驚、興奮、害怕或甚至哭泣。這些都是相當自然的反應；但它們只是身體的生理回應而已，並非斯多葛派哲人所指稱的情緒。某個人因遭遇困擾而一時地想要報復，但最終並未採取行動，根據塞內加的觀點，這不是憤怒，因為那個人最終克制住了自己的衝動。同然，對某件事情一時產生的恐懼，但在之後保持了堅毅，這也不能視作恐懼的情緒。要讓這些「初始觸動」成為嚴格定義上的情緒，需要我們的心智對某件可怕的事情發生做出判斷並對其採取行

動後才算數。誠如塞內加形容的：「恐懼涉及逃離；憤怒涉及攻擊。」

因此，塞內加建議這個過程可分三個階段：第一、一個非自願的初始觸動，也就是我們無法控制的一個自然生理反應；第二、一個回應該經驗的判斷，這個是在我們的控制範圍內；第三、因此而產生的某種情緒，而一旦情緒產生，它就不是我們所能掌控的了。而當情緒出現時，我們除了等待它逐漸消退外，別無他法。

我們為何會做出會引發有害情緒的判斷？假如你認為你被一個人以某種方式傷害了，那麼對他發怒似乎是很理所當然的事。塞內加說，怒氣通常是一種被傷害感的產物。因此，我們必需挑戰的事情是當某種傷害已經造成的那個印象，而那個印象本身已經涵蓋了一個判斷。

愛比克泰德斯對此有如下闡述：

並非挨打或受辱就是遭到傷害，

你必需也相信自己受到了傷害才是真的受到了傷害。

假如某人成功地激怒了你，

你要知道那是因為你的心智認同了對方的挑釁。

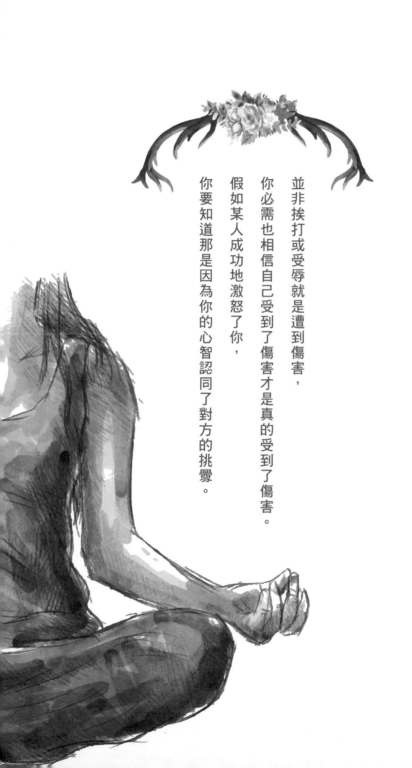

塞內加進一步說，這就是為何我們不應該對已發生的事衝動地做出反應的原因——這是很重要的。我們應該做的是：停下，並對已發生的事做出判斷前，花點時間思考該事件。如果有人批評你，請先停下，然後思考他的話是對是錯。如果是對的，那麼他幫你指出了一個缺點，這時你可以修正自己。如此，他的批評對你反而產生了助益。如果他所說並非事實，那麼他犯了一個錯誤，而唯一受到傷害的人是他自己。不管是前者或後者，你都並未受到那些批評的傷害。那些批評能夠對你造成真正且

嚴重傷害的唯一方式就是：你願意讓它們激怒你。

塞內加對類似憤怒這種破壞性的負面情緒特別注意。但憤怒並非我們所需面對的唯一情緒。誠然，有些情緒並不是那麼具有破壞性；它們甚至頗為正面，在我們的生命中不可或缺。其中最明顯的就是愛，包括父母對子女的關愛及情人之間浪漫的愛。對這樣的正面情緒，難道斯多葛派哲人也會建議我們放棄？

根據斯多葛派哲人的看法，父母對子女的愛並不是一種人們最好避開的非理性情緒；反之，它多少是一種共通的自然本能。我們天生就會傾向於照顧自己，追求自己存活所需的事物，並避開那些可能會傷害我們自己的東西，而原因都是為了自保。這個自保的本能很快就會延伸到跟我們關係密切的人身上——最開始是我們自己的家族成員，但理想上是遍及所有其他人。至於浪漫的愛，也許我們可以這麼說：一個健康的兩性關係奠基於一種對陪伴與生殖的自然欲望，而不健康的那一種，則奠基於佔有與嫉妒的負面情感。斯多葛派哲人當然不會想要把人類變成冷漠無情的石頭。

所以，在事情發生時，我們仍然會有尋常的反應——如暴跳如雷、畏縮、受驚嚇、困窘或哭泣等——與關係親近的人我們也仍會保有堅固關愛的情誼。然而，我們不要做的是醞釀負面的情緒，如憤怒、怨恨、苦楚、嫉妒、偏執、揮之不去的恐懼或過度的迷戀等。這些都是會摧毀我們生命的東西，也是斯多葛派哲人建議我們最好避免的。

第Ⅳ章 應對逆境

人有旦夕禍福。那是生命的一部份。我們縱使願意採納愛比克泰德斯「很多事情不是我們所能掌控」這個教誨，但它卻不能自動地減輕厄運發生時對我們的打擊。例如，也許我們能夠完全接受「自己所能全然掌握的只有自己的判斷且對自己生病與否終究無法控制」這個觀點，但卻無法讓自己不覺得生病實在是一件很糟糕的事，真正的倒楣事。

對羅馬的斯多葛派哲人而言，生命充滿逆境，而哲學的主要任務之一就是幫助人們越過生命中的起起伏伏。對此，沒有人比塞內加瞭解得更透徹：他自己的生命就離他所嚮往的寧靜很遙遠。在充滿紛擾的公元一世紀期間，塞內加經歷了兒子的死亡、被流放到科西嘉島將近十年的時間、從流放獲救（條件是他必需當少年尼祿的老師）、做尼祿的顧問（且無法從該工作脫身）、摯友的逝去，其中最艱難的要屬被迫自殺。由於懷疑塞內加參與了反叛的謀劃，尼祿要處死他已經年邁的老師。塞內加的妻子堅持與他共赴黃泉，兩人都割了腕。生命緩緩流逝時，他的妻子寶林娜被救活了，但塞內加卻被餵了毒藥，並以蒸浴的方式加速他的死亡。這樣的人生誠然不是一個平靜的「哲學人生」。

對一個人應當如何看待逆境，塞內加其實在他生命的早年，也就是在前文所提的諸多逆境發生前，就已有著作描述。在他大約四十歲時所寫的文章《論天意》中便可讀到。那時尼祿剛誕生，而他也還未被流放到科西嘉島。但在那段期間，他的父親過世，而他自己則與當時的皇帝卡利古拉產生衝突。如前文所提，他是因為健康不佳才逃過被處死的命運。病痛、死亡的威脅、喪父之慟等——而他真正的災難甚至尚未開始！塞內加有時被形容成「有特權的偽君子」：他是菁英分子中極其富有的一員，居然有臉讚揚簡樸生活的益處！誠然，他在許多方面都很幸運，擁有那時代絕大多數人無法夢想的機會。但他所承受的人生逆境同樣不少，並花費了許多時間思考如何應對它們。

他在該文中最關注的一個問題就是：為何人們要承受這麼多不幸？塞內加從幾個不同的方向來回答這個問題。第一，他堅稱說「壞事從未真正發生過」，因為所有外在的事件本身並無好壞之分。任何人只要擁有這個觀念且在事故發生時不驟下判斷，那麼他就會接受已發生的事件本身，而不會做出「可怕的事情發生了」這樣的判斷。

除此，塞內加的闡述還更進一步。他不僅認為我們不應該將明顯的不幸當作真正的壞事，甚且認為我們應該將不幸視作有益我們成長的養分，歡迎它們。他說，優秀的人會將逆境視作一種強化自我的訓練。他打了這樣一個比方：摔角選手在面對強悍的對手時，就會越來越強；反之，如果他總是遇到軟弱的挑戰者，那麼他就會逐漸失去原有的技巧了。只有在面對真正的對手時，摔角選手才

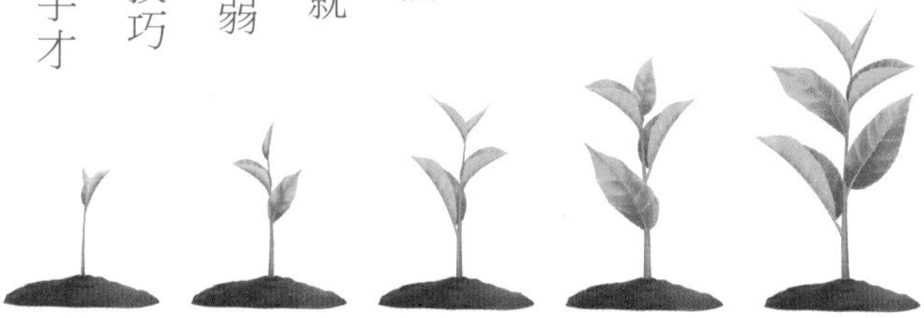

有提升自己技能的機會；艱困的比賽也能做為一種訓練，因為如此他的天賦才能獲得開發。生命中的逆境也有同樣的功用：它讓我們展現自己的美德並訓練它們，而藉此我們得以進步。如果我們能看清這一點，那麼當逆境發生時，我們就會快樂地歡迎它了。

塞內加進一步以軍士做比喻，並引用了歷史上許多事件為例。就如同一個將軍只會派遣最優良的士兵去打最困難的戰役那般，上帝同樣地也只會將最艱辛的挑戰安排給最傑出的人類。由此可見，歷經逆境是擁有卓越性格的一個象徵。

反過來說，太多的好運其實對我們不利。假如我們從未經歷任何困難，我們又要如何接受考驗呢？如果人生一帆風順，我們又如何能開發忍耐、勇氣或韌性等的美德與能力？再也沒有比無盡的奢侈及財富更糟糕的運氣了，塞內加說，因為它們只會讓我們變得懶惰、自滿、不知感恩、並貪圖更多。那才是真正的不幸！相對之下，不管命運給我們帶來何種逆境，它都是我們學習自我瞭解並改進自己性格的一個契機。

這些乍看似乎都有賴於我們對某個天神的信仰。相信有神的人可望從塞內加的論點獲得某些有用的東西。

但那些不相信的人該如何是好？如果我們不相信有一個強悍且仁慈的天神，那麼這些是否都只是空談？我們可能也會納悶，塞內加本身是否相信有這樣的神存在。他的這篇文章寫於公元三十年代後期，離基督教興起尚久。雖然中古世紀時有一系列貌似塞內加與聖保羅之間的通信流傳著，但它們的真實性早已被推翻了；再者，塞內加對那個新興的宗教也不可能有任何認知。所以，塞內加的神便是斯多葛派哲人心目中的神，也就是他們所認同的大自然中的「理性原則」的化身。他們的神並非某個人，而是一個闡明自然世界的次序與組織物理的原則

（下一章我們將進一步探討此論點）。因此，當塞內加談及「天神的意志」時，他所指稱的就是這個組織原則，也就是斯多葛派哲人所認為的「命運」。以西塞羅的話說，斯多葛派哲人所稱的命運，是物理原則的命運，而非迷信。

有鑑於此，我們對於塞內加所描述的那個派給我們考驗的強悍的父神，究竟該如何看待呢？這一切有可能只是為了修辭效果嗎？為防止我們對塞內加自己的神學信仰問題感到迷惑，我認為有一個方法可以讓我們在不受自身宗教觀點的影響下，來瞭解塞內加對逆境的看法。無論我們所信仰的是某個慈愛的神、泛神論或原子爆炸的混沌，對於到底應該將一件事故視作悲劇或契機，完全取決於我們自己的選擇。當你被解雇時，那是一個災難還是一個重新起步的機會？那種事雖然不可避免的是一種挑戰——沒有人會假裝說，你只要忽視它所帶來的實際後果就好

了——但是，在將它視作一個可怕的打擊或一個正向的挑戰之間，你是可以做選擇的。簡言之，它完全取決於我們自己。在此我們也可以看到塞內加和愛比克泰德斯兩者所強調的論點的不同。塞內加建議說，我們可以把貌似壞的事情當作事實上的好事（或至少有助益的事）來看待，而愛比克泰德斯則勸告說，我們儘量不要關注這類事件，反之應該將我們的注意力直接放在自己的判斷上。

由於生命中的苦難，塞內加對所謂逆境知之甚詳。他企圖想從自己的經驗中擷取一些正向意義，無疑是他為了幫助自己應對艱困的境況所做的許多努力之一。誠如他在科西嘉島流放時寫給他的母親海菲亞的信中所言：「永無止盡的不幸確實是一個祝福：它讓不斷承受其折磨的人變得堅韌。」在〈論天意〉那篇文章裡，他所使用的語言有時聽起來彷彿他很享受那些戰鬥，並為了能夠從其中獲益而隨時歡迎下一個打擊的來臨。但他在給好友路西流士的信件裡，卻有不同的論調：

有些人說，
每日與世俗的阻礙戰鬥、勇敢躍進生命的浪潮裡，
才是值得讚揚的人生，對此我很不贊同。
智者會容忍這些折磨，但不會刻意去尋求它們；
他寧願擁有一個平安而非充滿掙扎的人生。

只要心智正常，沒有人會刻意去尋求逆境，即便在人生道路上它可以教導我們一些有用的東西。但是，當逆境降臨時——不用說一定會降臨——若能學會應對它們的技巧，對我們而言只有益處。塞內加在給他母親的信中說道，逆境對欠缺遠慮的人來說，最難接受但對一個做好準備迎接逆境的人而言，它就比較容易對付了。在另一封慰問其好友瑪西亞的信中，這個看法甚至有進一步的延伸。瑪西亞一直陷在悲傷的情緒中。她在三年前失去了兒子，但她的悲痛卻從未真正消褪過。自然哀悼期已經過去很久了，如今她的悲傷已經變成了一種削弱她的習慣。是該有人出面來勸勸她了。

塞內加對此狀況的回應中，最有趣的部份就是他對所謂「預想未來之惡」的描述。早期的斯多葛派哲人，如克律西波斯，也倡導過這個觀念。它指的是：我們應該思索可能會發生的潛在惡事，如此，當厄運真的降臨時，我們就比較有應對它的心理準備。塞內加指出，瑪西亞的問題之一就是她從未充分地預想過失去兒子的可能性。然而我們

都知道，每一個人從出生的那一刻起，就註定會死亡。這不是一件可能會發生的事，而是一件必定會發生的事。

塞內加說，悲傷對人的打擊很大，因為人們不曾預料事情的發生。我們經常看到、聽到對他人造成衝擊的死亡和不幸，尤其在我們這個資訊爆炸的年代。然而，我們卻很少停下來思考，當同樣的狀況發生在我們身上時，我們自己可能會如何反應。塞內加告訴瑪西亞——以及所有人——一系列多數人不想要知道的事情：我們都很脆弱；我們所愛之人都不可避免地會死亡，且隨時可能逝去；不管我們擁有什麼樣的富足和平安，它們隨時都可能因為我們無法掌控的外部因素而被奪走；即便在我們認為事情已經很難對付時，它們都還有可能變得更糟等。假如幸運之神棄我們而去，我們已經做好足以應對的準備了嗎？我們會如同看到新聞報導裡那些發生在遙遠的陌生人身上的不幸那樣，鎮靜且冷漠以對嗎？在那些狀況中，我們通常只是會承認這類磨難是生命中不可或缺的一部分，遺憾但不可避免。當承受折磨的不是我們自己或我們所愛之人時，我們也可以輕易地擺出豁達的樣子。但是，當不幸輪到我們時，我們該怎麼辦呢？

塞內加說，談到不幸時，「我沒想過會發生在我身上」這樣的想法根本不合邏輯，尤其是我們明明知道它可能會發生，且曾看到它發生在其他許多人身上。所以，為什麼不可能是你呢？說到悲傷，鑒於對所有生物而言，死亡都是不可避免的，那樣的想法就更不合邏輯了。既然死亡肯定會在某個時刻發生，為何不能是現在？只有缺乏理性的人才會期待自己永遠是個幸運兒。塞內加認為，經常思考可能發生的逆境以及那些在某個時刻必然發生的事件，能夠在事件真正發生時，幫我們減輕其所帶來的衝擊。如此做不但可以讓我們不那麼驚慌失措，更有助於我們做好應對的準備。事實上，塞內加的勸告是：我們應該為每一種可能發生的事故做好準備，包括那些我們不希望它發生以及我們不樂意去思考的事。我們不應該以為一切事情都會按照我們的希望或預期來，因為那是不可能的。這是人生很重要的一個課題，不管它有多麼令人不愉快。

第V章

我們在大自然中的位置

比起塞內加的命運多舛，馬爾庫斯·奧列里烏斯的人生路途相對平坦。雖然年幼即失怙，他卻於少年時期獲得皇室收養，且最終在公元161年，他四十歲生日前一個月成為皇帝，並一直統治帝國直到公元180年他駕崩時。他的統治被公認是羅馬帝國史上較清明的時期之一，雖然對馬爾庫斯而言，他當皇帝的大半時間都花在保護帝國北邊領土的戰爭上。而就在他晚年，於日耳曼尼亞，離今日的維也納不遠的地區作戰時，他開始寫日記。那是他的日常筆記，其目的是整理每日所發生的事並為第二天做準備。

自從十六世紀末首次出版以來，馬爾庫斯的《沉思錄》就吸引了無數的讀者，從腓特烈大帝到比爾．克林頓。但這本書所感染的不僅是如馬爾庫斯那種身居高位並發現自己正在與領袖壓力搏鬥的人；任何人都可以翻開這本書並從中找到啟發。某個年輕人就曾在寫給我的一封信中提道：「我二十三歲了，生活既艱辛又混亂，不知人生目標為何，而馬爾庫斯的《沉思錄》助我良多」。他不是唯一發現《沉思錄》是一個很有幫助的指導來源的人。我想其中的原因之一就是，讀者在馬爾庫斯的身上找到了許多充滿人性的共通點：努力對抗日常生活的壓力、職場的責任及社交聚會等。雖然馬爾庫斯是一位羅馬皇帝，雖然他獲得了「睿智的斯多葛派哲學家」的美譽，但我們在《沉思錄》裡看到的，卻只是一個在努力應對生活需求的中老年男子而已。

貫穿整本《沉思錄》的一個中心主題就是：命運。這讓我們想起了愛比克泰德斯對「掌控」一事的關注。馬爾庫斯年輕時就讀過《愛比克泰德斯談話集》；它對馬爾庫斯的影響在其著作裡隨處可見。然而，愛比克泰德斯建議我們要將注意力轉向自己的內在，也就是專注在我們所能掌控之事物上；而馬爾庫斯則是要我們向外看，並思索那些我們所無能掌控的磅礴。一次又一次，馬爾庫斯將自己的生命視作時間洪流裡的一個瞬間，而肉體則只不過是廣袤宇宙裡的一粒塵埃：

我們每個人在無邊無際的時間洪流裡
所擁有的部分是多麼渺小，
而且很快便會消失在永恆裡；
我們所擁有的物質和靈魂相較於宇宙是多麼渺小；
我們所走過的土地比起整個地球來是多麼渺小。

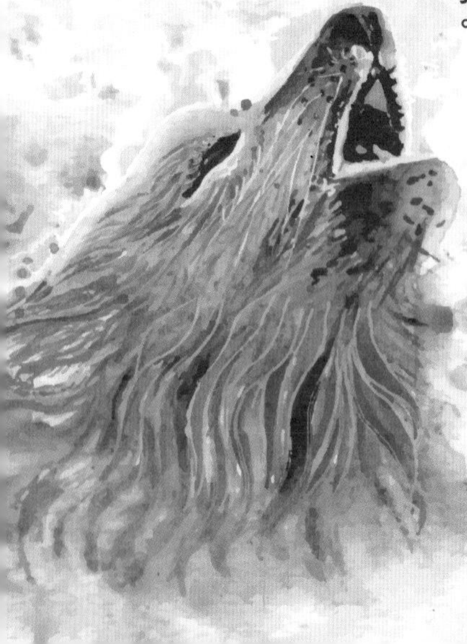

在另個段落，馬爾庫斯曾想像自己從高空往下俯瞰地球——有如現代太空人那般——並看到每個國家是多麼渺小，每座偉大的城市是多麼渺小。至於那些住在大城市裡生活充滿煩惱與憂愁的人們，當從這個宇宙的角度被觀看時，實在微不足道。從這個制高點觀看眾生，那個感覺彷彿整個宇宙根本不在乎我們。它為何要在乎呢？

嚴格來說，這並非斯多葛主義的觀點。斯多葛派哲人並不認為大自然只是一堆冷漠的運動中的物質。如前一章所提，塞內加眼中的大自然是在一個「父神」的控制之下。公認的斯多葛主義觀點是：大自然擁有一個理性原則，對其秩序與生機負有責任。他們稱之為「天神」（宙斯），但它不是一個人，也不是某種超自然的事物——它就只是「大自然」。大自然不是盲目的，也非混亂的；它有秩序，而且美麗，有自己的律動與模式。它不是由死物所組成；它是一個單一的有機體，

而我們都只是其中的一部份。

如果這聽起來與現代科學所告知我們的明顯有悖離，那麼或許我們可以試著用詹姆斯．洛夫洛克所闡述的「蓋亞假說」來給它做比擬。它的觀點就是：地球上的生命最好被視為一種單一的生物系統，包含其中的不僅是明顯的有機物質，也有無機的東西如石頭和大氣等。將有機體如植物和動物等分開來理解，是錯誤的。而這個單一的、一元化的生物圈會調節自己，會為自己的利益採取行動。洛夫洛克給它的定義如下：

它是一個複雜的實體，
涵蓋這個地球的生物圈、大氣、海洋和陸地等；
其所組成之總體構成一種回饋或「自測回饋系統」，
而它會在這個星球上
給生命尋求一個最理想的物理及化學環境。

如同所有科學理論，洛夫洛克的闡述其目的也是在給現有的證據提供最佳解釋。他主張大自然中有某種會為生命之利益採取行動的組織原則。我們可以用技術性的科學術語來解釋它——一種自測回饋系統；或以文學的語言呈現，稱之為「蓋亞」。斯多葛派哲人對大自然的觀點與二十世紀末的科學理論有許多共通處，後者也是偶爾會用純粹的物理術語做形容，但有時則會借用希臘神話的語彙來描述。對斯多葛派哲人而言，「天神」和「大自然」，只不過是那個涵蓋萬事萬物不同名稱的同一個單一生物體罷了。

斯多葛派哲人將大自然設想為一個由「命運」主宰的智能生物體。所謂「命運」，指的是環環相扣的因果關係。這個自然世界是由「因」與「果」在統治，而那也正是物理學試圖描繪與理解的東西。對斯多葛派哲人如馬爾庫斯而言，接受命運的現實——因果決定論之現實——是必要的。它意味的並不只是我們無法掌控的某些事情而已，而是除此之外，它根本別無它路。你也許會承認自己無法控制某個重要事件的結果，但卻又同時希望它能夠有不同的結局。然而斯多葛派哲人卻堅稱：事情不但不由你掌控，鑒於在當下影響該事件的種種原因，它也不可能有其他結果。

這種論調聽起來似乎有點宿命論：在面對塑造這個世界的壓倒性力量前，我們這種渺小如塵埃的東西能有何作為呢？但那是一個錯誤的感想，因為斯多葛派哲人當然不會倡導這種的被動性。我們的行動確實能夠造成差別：它們本身就可以做為影響事件結果的起因。正如某古話所云：命運掌握在我們手中。我們本身就是促成命運的人，也是這個由命運所主宰的大自然世界的一部份。但是，當事件發生時，有鑒於各種起因，「結局不可能不同」這個事實卻不可能改變。因此，希望事情能有不同的結局，是徒勞無功的。馬爾庫斯如此解釋：

大自然賦予一切，也將一切取回。
懂得謙卑的人會對祂說：
「如祢所願地給；也如祢所願地取回。」
他這麼說並不是出於怨懟的心理，
而是對祂忠貞的臣服。

對斯多葛派哲人而言，探索命運是挽救逆境的一個中心要素。因為與痛恨之事達成妥協的其中一部份，便是接受它必然會發生的事實。一旦我們理解某件事情的發生是無可避免的，我們就會明白悲傷嘆息都是無意義的，只會引發更多的苦惱，也只會讓我們由於無法領悟這個世界的本質而顯得無能罷了。

我們在馬爾庫斯身上所看到的態度，與我們之前在塞內加身上所見的不同。他們倡導的重點不一樣。塞內加強調的是大自然中天理的次序，而馬爾庫斯著重的則是事件發生的必然性。在《沉思錄》裡，對於大自然究竟是一個理性的天意系統或只是在無限虛空裡一個原子爆炸後的隨意累積，他的不少段落顯然都傳達了對此的不可知論。馬爾庫斯並不是一個物理學家，而且身為日理萬機的帝王，他也沒有什麼時間去仔細研究這個問題。無論如何，他最終的看法是：對實際目的而言，這並不是很重要。不管大自然是由什麼主宰——某個天父、某種自測回饋系統、盲目的命運或只是原子相互作用下的偶然產物——我們的回應都應該一樣：接受已發生之事，並盡己所能採取最佳的回應行動。

話說回來，在《沉思錄》的其他片段裡——不同的時間、不同的心情、生命裡也發生了不同的事件後所寫下的——馬爾庫斯的觀點似乎更明確：

宇宙自然的動力就是要創造一個有次序的世界。
因此，隨之而來的便是：
正在發生的萬事萬物都必需遵循一個合乎邏輯的順序；
如若不然，該「世界－理智」之動力所導向的主要目的，
就會變成一個非理性的世界。
謹記這一點，將有助你更沉著地面對許多事情。

不管大自然是否如塞內加所稱，是一個能對我們產生助益的天命次序，馬爾庫斯都認為：瞭解事情之所以發生是由於某種順序及原因，至少有助於我們應對生命中的任何逆境。事出必有因，即便它只不過是由先前已存在的事況與物理定律結合後所導致的無法避免的結果。

這個物質世界尚有其他馬爾庫斯認為我們也應該在日常生活中特別注意的特質。下面這一段值得我們細讀：

對宇宙的變化過程，要養成規律的觀察習慣；

要給予它勤勉的注意，並在這門學問上徹底地訓練自己；

沒有什麼比這更能提升我們的心智。

因為當一個人明白自己可能得隨時丟下一切並離開親友的陪伴之時，

他便會拋開對自身的顧慮，將自己的個人行動全然地奉獻給正義之執行，

並在各方面遵照大自然的法則。

他不會浪費時間去思考別人怎麼說他、怎麼看待他、或將要如何對他；

以下兩件事對他而言就足夠了：

在自己日常行事上的「正直」和對命運所有安排的「知足」。

我們在此學到的是：人類只不過是大自然的一部份，深受其更龐大的力量所影響，並不可避免地受到它的活動席捲。除非我們能夠徹底地領悟這一點，否則我們永遠都不可能享有和諧的生命。

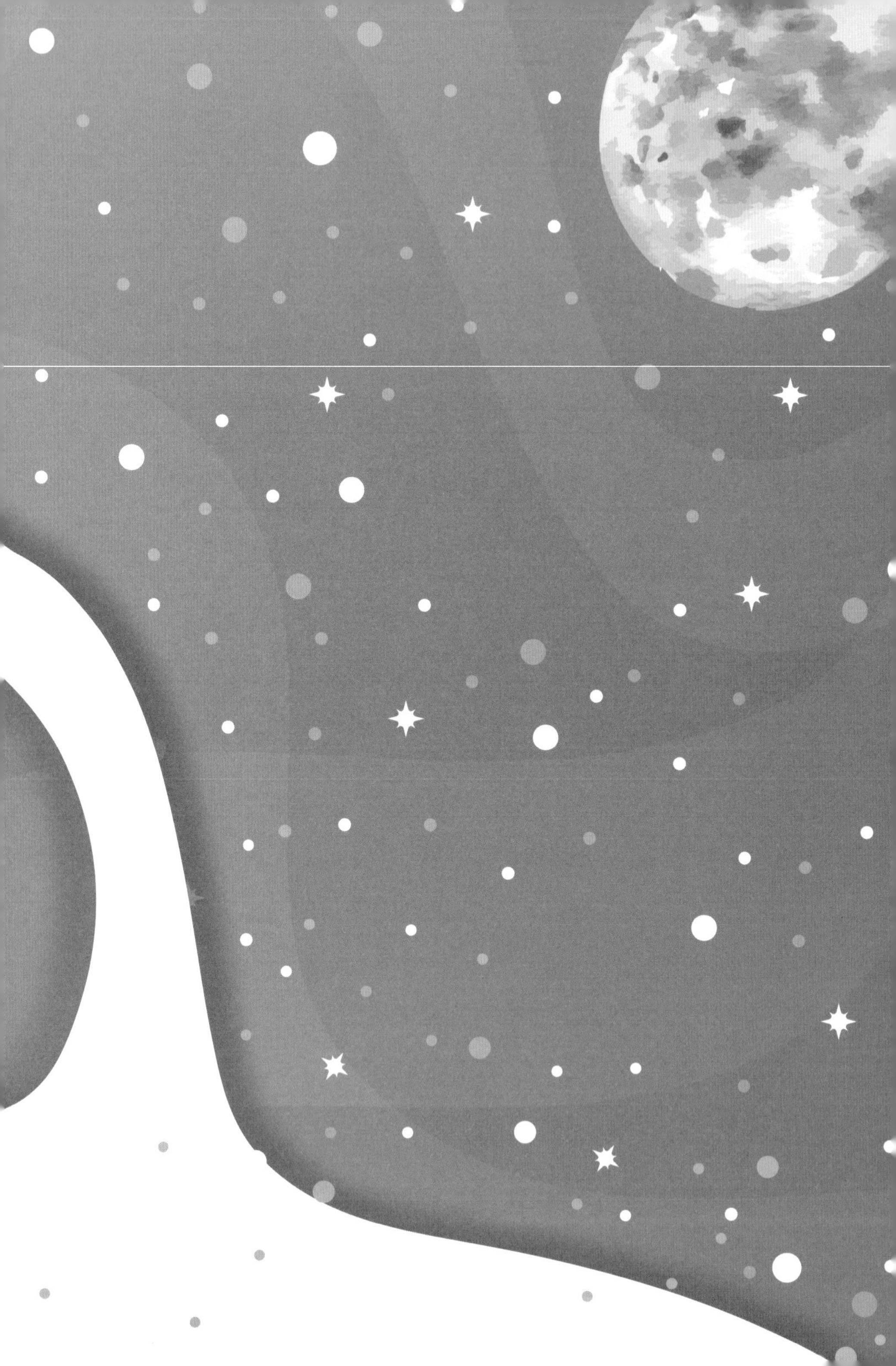

第Ⅵ章 生與死

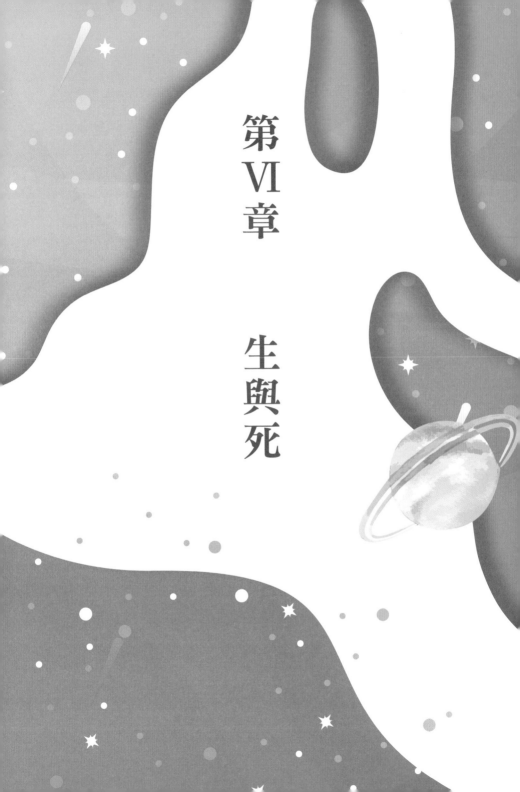

沒有人知道自己何時會死、會怎麼死，但我們確實知道，我們當下所經歷的一切總有一日都將結束。有多少人在自己的生命中能完全地意識到這件事？大多數人都聽過發生在他人身上的與死神擦身而過或被診斷出得了絕症的故事，而其中有許多甚至有了正面的結局：由於衝擊，某些故事的主人翁對殘餘的生命不但有了新的體會並更加珍惜。但對那些從未有過類似經驗的人，他們可能很容易就忘記了自己也會死，自己也時日無多。

如前文所提，塞內加對自己的生命可能隨時終止有很深的體認，不管是因為疾病或某暴君的殘酷決定。此一體認讓他經常思考時間的價值以及如何才能善用它。令人驚訝的是，塞內加堅稱每個人都擁有綽綽有餘的時間，不管其生命最終是長是短。問題在於，我們大部分的時間都浪費掉了。時間是我們最寶貴的資產；這聽起來或許只是另一次老生常談。但是，再次強調，我們應該好好省思到底有多少人真正地將這個認知時時放在心上。

在他的文章《論生命之短暫》裡，塞內加說，有許多人在他們真正準備好要努力過日子時，他們的生命就差不多要結束了。並非我們的生命太短，而是我們浪費了太多時間。我們拖延、追求沒有什麼價值或根本沒有價值的東西或一輩子無所事事，缺乏明確目標。有些人努力獲得成功，這樣他們就能擁有足夠的財富去買最後全部都得丟到垃圾桶的奢侈品。這樣做時，他們已經浪費了生命中多半的時間。有些人則沒有特定的人生目標，每日只是草草完成例行公事，對自己生命中最寶貴的資產——時間——的逐漸流逝，毫無所感。有些人雖然很清楚自己的追求，但由於對失敗的恐懼，他們一再延宕計畫，最後只是給自己編造了為何缺乏行動力的藉口。這幾種人，塞內加說，都是人生的失敗者。

多數人真正覺得自己「活著」的時刻很少。我們生命中的大部分時候，都只是在消磨時間而已。所以，要怎麼補救呢？塞內加認為我們該如何掌控自己的生命，以便擁有充實的人生？

首先，我們應該停止擔心他人對我們的看法。莫要試圖讓別人銘記你；莫要為了鞏固利益而去追求他人的好感。人們總是太在意他人如何看待自己，反而不甚在意自己的想法。許多人為了他人而犧牲自己的時間，卻很少把時間留給自己。然而，塞內加說，一個人可能很積極地保護自己的金錢與財物，卻把更寶貴的時間無償地浪費在他人身上，這實在很荒謬。

我們也必須記住一個殘酷的事實：我們終將一死。我們的時間並非永無止盡。不管我們能擁有多少時間，其中的一大部分都已經消逝了。不僅如此，我們也不知道自己還有多少時日。事實上，今天可能就是你的最後一天。也許明天是你的最後一天。你可能還有幾個星期、幾個月或幾年的時間——到底有多少，我們其實都不知道。我們很容易就以為我們都可以活到八十歲或甚至九十歲，但實際上並不是每個人都很長壽。

那可能是一個不實的假設，但不管是真是假，它只會慫恿我們將事情拖延到一個也許永遠不存在的未來。塞內加嘲弄那些把自己所有計畫和夢想推延到退休後的人。你確定你能活到那個時候？即使你能，你確定到那時候你的健康足以讓你完成你長久以來一直在延宕的事？就算一切順利，我們又何必將生命拖延到它幾乎已經消耗殆盡之時？

還有一個問題：什麼東西值得我們追求？對許多人而言，人生的目標就是獲得某一種形式的成功，不管是財富和名聲、尊敬與榮耀或升遷及身居要職等。然而，塞內加指出，達致這些目標的人卻不見得滿足快樂，因為隨著成功而來的是無數的義務和壓力。他們在獲得了一切渴望的事物後，現在缺乏一樣東西：時間——保留給自己、給悠閒寧靜、給平安喜樂的時間。

但是，隨著成功而來的不僅是義務與要求而已。要陷入長期的分心狀態，永遠無法從事真正該做的事、真正意欲完成的事或僅僅體驗「活著」的感受等，實在太容易了。周遭的雜音、各種干擾、新聞媒體、社群媒體等——這些東西都佔據我們太多的注意力，使得我們根本無法專心完成任何事。誠如塞內加所言：「對心無旁

驚的人來說，生存是最不重要的活動」。其實，他們最後什麼也沒做。這樣的習慣一旦養成，他們就會陷入一種持續性的躁動狀態中，無法放鬆或專心致力於任何事。這種人只有在生命即將結束時，才會徹底意識到生命的價值。

塞內加強調說，如果我們不處理這些問題，我們能夠活多久根本就不重要。縱使能夠活一千年，我們仍然只會荒廢大部分時光。因此，我們的任務並不是要盡可能地活得久；而是，我們應該確保自己能夠享受並善用每一天，並且，莫忘每一天都有可能是我們生命的最後一天。

說來矛盾，學習「好好過活」可能需要花一輩子的時間。塞內加補充說，歷史上最睿智的人放棄了對歡樂、金錢及成功的追求，以便專心在這一件任務上。即使智者們的答案可能不一樣，但塞內加堅稱，維護自己的時間並將之貢獻給自己是極其重要的事：

人類總是汲汲營營，
困於對未來的渴望及對當下的厭煩。
但是，只要你把所有的時間都花在自己的所需上，
如同每日都是你生命中的最後一天般善用它，
那麼你就不會憧憬或畏懼第二天的到來了。

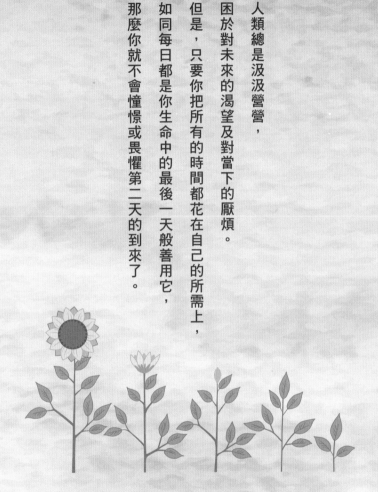

這個把每一天都過得如同生命中最後一天的觀念，聽起來或許有點病態；它也可能會妨礙一個人對自己未來人生的規劃。值得強調的是，塞內加並非要我們努力地把每一天真的當作是生命中的最後一天；他只是在提醒我們，要去思索每一天都可能是我們生命中的最後一天罷了。我們根本不知道生命何時結束，而那正是問題之所在。假如我們知道自己的生命只剩下一年，那麼我們至少可以根據那剩餘的時間來做相應的規劃與安排，以確保不會浪費一分一秒。但缺乏那種緊迫感，我們很容易就會把所有的時間都浪費掉了。

有了對時間價值的重新評估及努力給自己的閒暇排出優先順序的決心，那麼塞內加認為我們應該怎麼做呢？他很快就打消了遊戲和運動的念頭以及那些廣受歡迎但被他稱之為「在太陽下烹煮身體」的假期活動。沒錯，他抨擊現代人通常從事的「休閒活動」中的許多種。反之，他推薦說哲學才是最細膩、最有價值的活動，而所謂哲學，他指的是思考、學習、閱讀歷史和文學以及鑑古照今的省思等。哲學與汲汲營營地追求世俗成就，這兩者是背道而馳的事，而後者對他而言是「以生命為代價獲取的」。

塞內加的文章所針對的是公元第一世紀時羅馬帝國內相對富裕者所呈現的淺薄文化。驚人且嚇人的是，這種淺薄在今日仍無所不在。我們以為在過去兩千年來，人性一直在進步並且已變得更加美好，但塞內加卻告訴我們，現代人所努力對付的諸多問題與羅馬帝國子民們所關注的那些沒兩樣。

在塞內加寫作那些論文後約五十年，愛比克泰德斯

也曾在他設於尼科波利斯的學校與他的學生一起探討過「生與死」這個議題。在他們的討論紀錄裡，愛比克泰德斯曾多次將生命比喻作禮物，某種被賜予給我們的東西，但同樣也是會被奪走的東西。生命並非屬於我們，而是屬於它的賜予者，大自然。談到這個「更崇高的力量」時，他說：

現在祢要我離開這個遊樂場，
那麼我就離開。
有幸能與祢同享這個歡樂慶典，
我除了感激，別無他想。

生命是一場活動，如同一個市集或聚會，並且如同所有的活動，它最後都會結束。我們究竟要因玩得開心而感謝主人或因天下無不散的筵席而哀嘆則取決於我們。

所以，你的生命是一個禮物，而終有一天你得把它還回去。你所愛的人的生命，也是如此：

在任何情況下，
都切勿說「我失去了某樣東西」，
只能說「我把它還回去了」。
你的孩子死掉了？
不，他被還回去了。
你的妻子過世了？
不，她被還回去了。

我們所擁有及珍愛的一切都只是暫時借給我們的而已。我們不可能永遠擁有某樣東西，更何況我們自己也不可能永遠活在這世上。就人類的存在而言，這是一個悲哀的、苦樂參半的事實，但愛比克泰德斯對此觀點更直言不諱：

傻瓜才會想要自己的孩子、妻子或朋友永生不死；
那是遠高於你的力量才做得到的事，
再者你也不能擁有或送出不屬於你的禮物。

愛比克泰德斯以非常就事論事的態度說：死亡，不管是我們自己的或他人的，都不是可怕的事，因為如果是的話，那麼蘇格拉底早就會這麼認為。他建議說，以睿智聞名的歷史人物都曾平靜地面對死亡，這個事實應該值得我們深思。認為死亡是一件可怕的事情，這樣的信念只不過是我們對死亡的判斷而已。我們可以選擇以不同的方式來思考它。誠然，愛比克泰德斯主張我們應該以不同的方式思考它，因為「認為死亡是可怕的事」這樣的判斷是一種錯誤。「活著」這個殘酷的事實，其實無關緊要，而且也不是一件我們所能控制的事。

第VI章：生與死

愛比克泰德斯的論點其目的就是要減低我們對死亡的焦慮，並撫平我們對失去所愛的悲傷。但跟塞內加一樣，他也希望我們能夠領會自己生命的價值。你的生命並不屬於你，它可能在任何時刻被取走，因此，你就更應該在有生之年好好享受它。在其《手冊》的尾聲，愛比克泰德斯將生命比喻做奧林匹克運動會：比賽就要開始了，你不能再耽擱了，而一切結果都將取決於你當下、在那一天之內的作為。

第VII章　人類該如何共存

到目前為止，我們所談及的大部分論點都是與自我關注有關——在評論家眼中，那些可能都太自我中心，太利己主義了。愛比克泰德斯對於我們所能夠與所不能夠控制之事物的區分，似乎是在建議我們放棄外界，以便將注意力集中在自身的判斷上。我們從後人對馬爾庫斯・奧列里烏斯的描述發現，他曾經為了逃離外在世界而撤退回自己的「內在堡壘」。那麼，像這般從外在世界撤退、忽

視其他眾人、只是為了方便專注在自我利益上的作為，真的是斯多葛派哲人給我們的人生建言嗎？

絕對不是。人類並非孤立的個體：我們是大自然的一部份。亞里斯多德說，人類與生俱來就是社會性及政治性的動物，而斯多葛派哲人也贊同此觀點。我們誕生於人類的群體中：一生下來就隸屬於自己的家族，但同時也隸屬於當地的族群、國家乃至全體人類。除此，斯多葛派哲人也轉向內在，如同我們在前文所見，基本上會專注於美好、良善品格的培養，並避免發展有害的、反社會的情緒，如憤怒等。上述的重點在於，我們都必然是各個群體中的一分子，而最終我們都將會回歸這些群體並對他人產生助益。

每個人都需要同時扮演幾個不同的社會角色，而最強調此一事實的正是愛比克泰德斯。他指出，其中有些角色源自於天性。比如父母這種角色，它並非由社會建構出來的，因為我們知道動物也會照顧自己的後代，就跟人類一樣。此外，我們還有其他與我們所擁有的社會地位或工作相關連的角色。例如，有些人當了醫生或地方法官，將自己的生命奉獻給隨著該角色而來的責任與義務；而若有人濫用或忽略這類重要的職責，我們通常

會給予相當嚴厲的譴責。因此，如果我們想要擁有美好的人生，我們就需要當個良善的人。而那意味著，我們需要接受自己是一種理性且社會性的存在。但那同時也意味著，我們需要無愧於自己所扮演的各種角色，並接受隨之而來的種種責任。

愛比克泰德斯給我們舉了一個好例子。一名頗有身份的男子到他位於尼科波利斯的學校來拜訪他。該男子是一位法官，所以他對某些角色及隨之而來的責任與義務都應該有所認知。那男子也是一個為人父者。在被問及有關他個人的家庭狀況時，那男子回答說，他的女兒重病纏身，而他不忍待在她身邊，看她一直深受病痛折磨，於是他只好跑掉了。愛比克泰德斯譴責他的行為，原因有二：一、他只自私地記掛自身的感受，卻忽略他人的，尤其是他女兒的；二、他疏忽了自己身為人父這個角色。愛比克泰德斯也質疑那名男子的矛盾行為，因為任何人都不應該在自己的女兒生病時棄之不顧，讓她孤苦伶仃；若是他自己生病了，他當然不會希望所有人都棄他而去。他宣稱說他因為不忍看女兒受苦才逃離；但身為一個父親，他對女兒的關愛照說應該令他留下來。在扮演父親這個角色上，他顯然失敗了。

超脫這些如父母的特定角色外，我們或許還可以較宏觀地思考自己身為某個群體的一員，或更宏觀地思考自己身為這整體人類的一員。這樣的角色是否牽涉了任何責任或義務呢？斯多葛派哲人認為確實如此。我們對其他所有人類都有關注的義務，而斯多葛派哲人闡明說，我們要開發自己的理性，並將自己視作這個單一的、全體人類群體的一份子。在帝國時期另一位較不為人知的斯多葛派哲人希洛克利斯（Hierocles，對其生平我們幾乎毫無所知）曾在他的文章裡簡述斯多葛派倫理對此一理念之見解，他說：我們每一個人都位於一系列不斷擴大之關注圈的中心，從我們自身開始，然後往外包含我們的直系親屬，然後再往外包括我們所在的地方社區，再最後止於含括全體人類的那個最大圈。世界主義這個現代觀念，正是源自於斯多葛派哲人的倫理思維。

不過，值得注意的是，那並非意味著你應該疏忽你在自己所屬的群體裡的位置。塞內加在他的文章裡，有如下著名的一段：

我們可以用這個方式來理解此一理念：
我們都擁有兩個國度，
其中一個是恢弘的、真正的國度，
神與人一同行走於這個國度，
在這裡，我們並不在意地球的任一處犄角旮旯，
太陽所照耀的每一吋土地都是我們公民的權利與義務之所在。
另一個國度則是我們因命運而意外降生於其中的那一個。

對此我們必須注意的重點是，我們同時是這兩個群體裡的一份子：我們對自己所在的地方群體負有責任，但對於超越地方習俗與法律的整體人類也有關注的義務。偶爾這兩個社群可能會發生衝突，這時我們對後者的考量必需先於前者，但也並不會因此而捨棄掉前者。

的確，斯多葛派哲人對羅馬帝國政治的參與有悠久的傳統。在公元第一世紀時，塞內加絕對不是唯一與歷任皇帝發生衝突的斯多葛派哲人，而且，如同其下場，他們當中許多位也死於暴君尼祿之手。其中一個便是民選官兼執政官兼參議院議員赫爾維狄烏斯．普里斯庫斯

（Helvidius Priscus）。跟塞內加一樣，年輕時專攻哲學的赫爾維狄烏斯也曾不止一次遭到流放，先是因其政治立場，後來則是因他對佛拉維安政權的批判。特別為後人所熟知的就是他與維斯帕西安（Vespasian）皇帝的對立。愛比克泰德斯對他們之間的衝突曾有詳細的描述。當赫爾維狄烏斯目睹維斯帕西安不顧律法地傷害參議院的權力時，他拒絕讓步。即便受到警告，赫爾維狄烏斯為了捍衛自己身為議員的權力——當然，以及參議院所有議員的權力——仍然堅持與皇帝對抗。最終，他因造成帝王的麻煩而被處死。

赫爾維狄烏斯從未背棄自己身為參議員的角色或對自己所屬群體的責任；相對地，為了政治原則，他早已做好捨生取義的準備。後來的馬爾庫斯·奧列里烏斯不但對赫爾維狄烏斯及多位斯多葛派先烈崇仰有加，並且尊稱他們為老師，因為他們教導了他君主政權必需奠基於「言論自由與人人平等的群體觀念」，而其主要焦點則必須在於「支持人民之自主權」。

除了思考傳統政治與如何扮演好君王的角色外，馬爾庫斯也非常關注含括全體人類的這個大群體。他闡述說，我們都是某個群體的一份子，某個生物體的一份子，就像一棵樹的枝幹。為了能夠留在這個大群體裡，我們必需與其它成員和睦相處：

當一根樹枝被從相鄰的枝幹切下，
它就必然是從整棵樹上被切下。
同樣地，當一個人與另一個人斷絕往來，
他也就脫離了整個群體。
然而現在人們因仇恨或抗拒而鄰人斷絕往來時，
卻往往沒有意識到自己其實是脫離了一個更廣闊的
社會群體。

當遠離人群或被迫與人群切割時，沒有人會感到快樂，因為那違背了我們身為社會性動物的天性。

截至目前我們所讀到的，都是在闡明斯多葛派哲人對「人人平等」這個理念的貢獻。這個議題也曾受到我們尚未提及過的另一位羅馬斯多葛派哲人的探討。他的名字叫做木索尼烏斯・魯佛斯（Musonius Rufus），他出生於義大利，公元第一世紀時在羅馬教授哲學。愛比克泰德斯曾上過魯佛斯的課，並在他的《談話集》裡多次提到他。與尼祿對立並遭其殺害的多位斯多葛派哲人也曾經是他的學生。

如同塞內加，木索尼烏斯也遭過幾任皇帝的迫害，並在不同時期受到尼祿和維斯帕西安的流放。他曾被流放到希臘荒涼的奇阿拉島，連飲水都沒有，直到木索尼烏斯自己找到了一處流泉。不過他並不孤單，因為沒多久就有欽慕者長途跋涉到那裡去探望他。

有些文獻提到了他講課的內容。跟愛比克泰德斯的情形一樣，那些內容也都是由某個傾慕老師的學生所記錄下來的。在其中一篇談話裡，木索尼烏斯被問到女子是否也可以學習哲學。他回答說，女子跟男子一樣，擁有相同的推論能力，對美德也有同樣的自然追求。他建議說，如同男子，女子也能夠從學習我們在前面幾章所思考的各種題目中獲得益處。

這個說法對現代人而言雖然不是什麼特別進步的觀念——聽起來甚至有點施恩的味道——但我們不要忘記，普及教育與女子投票權這類事情也不過才一百多年的歷史；然而，木索尼烏斯在約莫兩千年前就已經主張至少某種形式的性別平等了。因此，對斯多葛派哲人而言，人就是人，在共通的理性與美德追求的本能上，所有人都是平等的。

對社交性與平等的聚焦，似乎挑戰了斯多葛派哲人對他人冷漠的概念。但即便如此，也並不意味著我們應該隨時處於人群中。事實上，愛比克泰德斯對沉溺於他人的陪伴有嚴肅的勸誡，尤其是對那些想要在自己生命中努力做出改變的人。擺脫積習或破壞性的行為模式是很困難的，如果我們身邊的人仍然以那樣的方式生活的話。誠如愛比克泰德斯所言，假如你一天到晚都跟渾身煤灰的人廝混，那麼你自己也會弄得渾身煤灰。

如同現代的許多大學生，在尼科波利斯學習的學生也會在假期時回家；對那些即將返鄉的學子，愛比克泰

德斯都會給他們適當的勉勵。如果他們正在努力擺脫從前生活模式的某些面向，那麼他們回家後應該跟以前的老同學敘舊嗎？那樣的話可能會有重拾舊習的危機：為了配合老朋友又回到了之前的行為模式。對此愛比克泰德斯奉勸他們要非常謹慎，建議他們儘量避免與他人相處，直到他們想要培養的新習慣穩固為止。

當然，你也不需要因此而離群索居。有很多好人值得你花時間相處，例如擁有良好習慣的人、跟你志同道合的人、以及那些理解並珍視你人生目標的人。戒酒的人可以在自己的互助團體裡找到支持和鼓勵，但與以前一起酗酒的人為伍則只會受到誘惑。愛比克泰德斯指出，我們應該以這樣的態度面對生命中的一切，並且必須謹慎選擇我們要與之相處的人，因為他們可能對我們造成重大影響，我們也可能在不知不覺間模仿了他們的所思所行。

因此，如果你正努力在培養一些新的良好習慣，那麼你最好避開那些具有某些你想規避之惡習的人。反之，對那些具有你欣賞並且意欲擁有的正面價值的人，你要努力去與他們為伍。這或許就是古時候的哲學家為何都會聚集在一起成為學派的原因之一。它也可能是各種世界級宗教其修院傳統之所以形成的背後原因。它的確是古時候有抱負的斯多葛派哲人會在例如愛比克泰德斯的學校那種地方聚集成派的原因，也是今日人們想要在日常生活中借用斯多葛主義時通常會熱衷地與其他同好者聯繫，不管是面對面或上網的原因。儘管愛比克泰德斯勸誡我們不要在不恰當的同伴身上浪費時間，他也給我們正確的理由為何從斯多葛派哲人身上學習有助我們對社交事物的認知。

本書的最後一課就是：我們生來便是諸多群體的一份子，不管是我們降生於其中的那個或是全世界的那個。

如果我們認為自己是孤立的個體，能夠忽略更廣大群體的存在，那我們根本就大錯特錯。在羅馬，執著的斯多葛派哲人隨時準備勇敢地面對暴君，拒絕在自己的原則上做出妥協。在這樣做時，他們便體現了勇氣與正義的美德。斯多葛主義絕對不鼓吹被動的政治態度；反之，它鼓勵我們奉行政治行動的最高標準。

後記

我們在本書中所考量的諸多理念在塞內加給他母親的那封撫慰信裡有一個簡潔的總結。他的母親為失去兒子傷痛，他自己則受困於科西嘉島，不知皇帝克勞狄烏斯下一步會怎麼對付他。

一個美好的生活並不需要偉大的裝備，
這是大自然的本意：
每一個個體都可以讓自己快樂。
外在的財物不論從哪個面向看都微不足道，
且產生不了太大的影響：
富足不能提升智者，困境亦不能壓抑他。
因為他向來盡可能地依靠自己，
並從自己的內心來獲得所有愉悅。

這些理念兩千年來不斷獲得後世者的共鳴。從中古世紀、文藝復興、直至十八世紀的啟蒙時期，塞內加的著作是知識分子最普遍的讀物。愛比克泰德斯的《手冊》在中古世紀早期時曾被僧侶用來做為靈修的指南。馬爾庫斯．奧列里烏斯的《沉思錄》在英國維多利亞時期是最暢銷、並從那時起最受歡迎的哲學書籍之一。我們在本書所探討的許多基本的斯多葛理念，在二十世紀時對多種「認知行為治療法」的發展，如「理性情緒行為治療法」，也產生過重大的影響。

從2012年起，已經有超過兩萬名人士參加了一

個全球性的線上實驗，想要試試若以斯多葛主義的理念生活，為期一周，其結果是否能改善他們的幸福感。實驗結果證明，確實有效。那些將實驗延長到一個月的人，他們所見證的效益甚至更大。與所有刻板印象最不同的是，那些遵循斯多葛主義引導的人，其性格特徵中提升最多的就是熱情，一種對生命充滿精力的熱切。

我希望我們都能從斯多葛派哲人所提出的議題中獲得助益。但哲人們一定會堅稱說：真正的益處只有在我們將那些理念實踐於日常生活中時，才會降臨。而這也是真正的困難開始之處。

銘謝

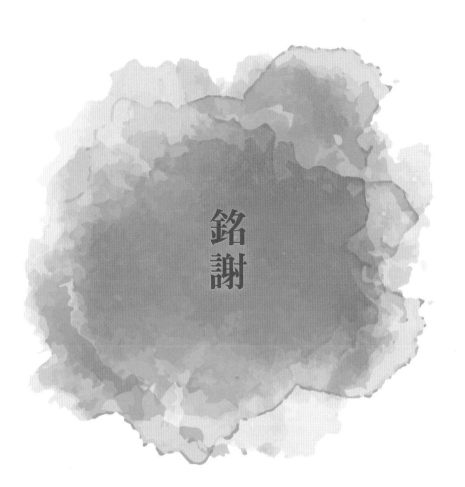

後記

首先，我要感謝卡西安娜・愛歐妮塔鼓勵我寫這本書；也感謝她在寫作過程所給予我的敏銳批評及對本書初稿的文體所做的微調。

我也想要感謝我在「現代、斯多葛主義」團隊裡的合作夥伴：克里斯多佛・吉爾、唐納德・羅伯森、堤姆・雷朋，以及在過去和現在的許多朋友。

如果沒有我們在過去幾年並到現在仍持續在進行的研究工作，這本書不可能寫成。

最後，但絕對同樣重要的是，我要將這本書獻給多恩，她的支持是我完成本書不可或缺的動力。

國家圖書館出版品預行編目資料

斯多葛主義生活：如何避開焦慮、悲傷、失望、憤怒和不滿的情緒指南 / 約翰．賽樂斯（John Sellars）著；吳湘湄譯 . -- 初版 . -- 臺中市：晨星 , 2020.10

面；公分 . --（勁草生活；473）

譯自：Lessons in Stoicism：What ancient philosophers teach us about how to live

ISBN 978-986-5529-41-3（平裝）

1. 古希臘哲學　2. 人生哲學

141.61　　109011017

勁草生活 473

斯多葛主義生活：

如何避開焦慮、悲傷、失望、憤怒和不滿的情緒指南

Lessons in Stoicism : What ancient philosophers teach us about how to live

作者 約翰．賽樂斯（John Sellars）
譯者 吳湘湄
編輯 楊皓禎
校對 楊皓禎、彭雅涵
封面設計 李建國工作室
美術設計 張蘊方

創辦人 陳銘民
發行所 晨星出版有限公司
台中市 407 工業區 30 路 1 號
TEL：04-23595820　FAX：04-23550581
行政院新聞局局版台業字第 2500 號
法律顧問 陳思成 律師
初版 西元 2020 年 10 月 20 日初版 1 刷

總經銷 知己圖書股份有限公司
106 台北市大安區辛亥路一段 30 號 9 樓
TEL：02-23672044 / 23672047　FAX：02-23635741
407 台中市西屯區工業 30 路 1 號 1 樓
TEL：04-23595819　FAX：04-23595493
E-mail：service@morningstar.com.tw
網路書店 http://www.morningstar.com.tw
讀者服務專線 02-23672044 / 02-23672047
郵政劃撥 15060393（知己圖書股份有限公司）
印刷 上好印刷股份有限公司

歡迎掃描 QR CODE
填線上回函

定價 290 元

ISBN 978-986-5529-41-3

Original English language edition first published by Penguin Books Ltd,
London, WC2R 0RL, UK

晨星出版
Morning Star

晨星出版
Morning Star